ALMARIO

ExLibric

TATIANA VAL DÍAZ

ALMARIO

EXLIBRIC

ANTEQUERA 2026

ALMARIO
© Tatiana Val Díaz
Diseño de portada: Dpto. de Diseño Gráfico Exlibric

Iª edición

© ExLibric, 2026.

Editado por: ExLibric
c/ Cueva de Viera, 2, Local 3
Centro Negocios CADI
29200 Antequera (Málaga)
Teléfono: 952 70 60 04
Fax: 952 84 55 03
Correo electrónico: exlibric@exlibric.com
Internet: www.exlibric.com

ISBN: 979-13-88079-54-2
Depósito Legal: MA 39-2026

Impresión: PODiPrint
Impreso en Andalucía – España

Nota de la editorial: ExLibric pertenece a Innovación y Cualificación S. L.

TATIANA VAL DÍAZ

ALMARIO

*Dedicado al arte de expresar
y agradecida a la oportunidad.*

*«Siempre de la mano de la creatividad libre.
Que lo que existe en el mundo interior de cada persona
nada ni nadie lo haga desaparecer»*

*«El camino de vivir una adolescencia
y transformarla» (1994-2020)*

La luna

¿Qué puede un ser
tan insignificante como yo
decir de tan poderoso satélite?

Es reina de nuestra noche,
madre de nuestra Tierra,
quien nos vigila
a cada instante,
unida a sus cercanas hijas,
las estrellas.

Una por una
les saca brillo
cada atardecer,
para que en cada
noche oscura
alumbren como
pequeños farolillos.

Ellas dan protección
a los pequeños duendes,
que en sus modestas camas
duermen,

soñando colgados,
sonrientes.

¿QUIÉN SOY?

Un ánima que vaga
por un universo distinto,
(por) un mundo nuevo
(que) descubro a cada paso.

Me protege una débil
y frágil manta,
con una puñalada leve
se puede rasgar.

Mi alma queda desnuda,
seré solo
un soplo de viento,
alentado por una bella mirada.

MAR

Algo de difícil descripción,
tan inmenso a nuestra modesta
vista,
imposible apreciar
toda su magnitud.

Semejante a los hombres
en ciertos momentos,
puede darte tranquilidad
o ser un huracán lleno de furia.

Sus aliadas, las olas,
defienden su reino,
un muro entre arena y agua,
unidos suavemente.

Cuando está en calma,
te transporta
a un paisaje lleno
de nuevas sensaciones.

¡Qué bello el mar!,
tan bravo,
tan fiero,
tan suspicaz.

NIÑA, VEN CONMIGO A LA PLAYA

Niña, ven conmigo a la playa,
a oír chocar sus olas
con las serias rocas,
a ver la arena dorada
y sentir una dulce sensación.

Niña, ven conmigo a la playa,
a coger esas bellas conchas,
para hacerte un hermoso collar,
a que el viento sople en tu cara.

Niña, ven conmigo a la playa…

Un soplo de viento

Un soplo de viento puede
ser la esperanza,
una brillante luz
en la más negra penumbra.

Una bella flor
que se da a conocer
al mundo
en primavera.

Quizás una mano amiga
siempre dispuesta,
solidaridad, tolerancia y bondad,
algo de lo que gran parte
de la humanidad
carece.

Un soplo de viento
tal vez dado
o por ti mismo/a procurado.

Un soplo de viento
puede ser
una vida nueva,
un nuevo amor.

Un soplo de viento,
como una gasa,
se agarra,
se aferra
por cada sitio
que pasa.

LA ÚLTIMA VEZ

La última vez
que mis ojos
te pudieron contemplar
se llenaron de tristeza.

La última vez
que besé tus labios
se cortaron
dolidos
de no besarte más.

La última vez
que acaricié tus brazos
mis manos
dejaron de sentir.

Todavía no ha llegado
la última vez
que soñé contigo.

Ni la última vez
que te he amado.

AMOR

¿Qué es?
Un sentimiento
que te enreda,
nunca te suelta.

Una ráfaga de aire
produciendo
un cambio constante
en la vida,
unos ojos alegres,
un corazón destruido,
una leve sonrisa.

Cuando toca tu puerta,
has de dejarlo pasar,
aunque nunca sabrás
qué suerte tendrás.

Inagotable, una energía
resurge de la nada,
un suspiro,
acogedora velada,
un huracán,

una tormenta
que no acaba.

Por más que él o la débil
luche contra él,
nunca lo logrará vencer.

Más fuerte que
la vida y la muerte.

Supera obstáculos
o impone fronteras.

Una caja llena de sorpresas,
alimento de nuestra alma,
amplía el corazón.

A veces, veloz
en penetrar como
en abandonarnos.

JUVENTUD

Una bella flor abierta,
un pájaro construye
su nido.

Una pareja enamorada,
conflictos interiores,
dudosas cuestiones
¿exteriores?

Grandes sufrimientos
y traiciones,
novedad al alba,
largas noches
inacabadas,
partes oscuras
del alma,
corazón repleto
de hermosas esperanzas.

AMISTAD

Dicen los poetas
lazo sentimental
difícil de guardar,
duro de olvidar,
sentimiento presente
en todo acto.

Dos pequeñas niñas
correteando por
colinas,
un fuerte nudo,
un corazón latente.

Amor sin sexo
arrastra
a un abismo
a muchos seres.

Esperanza
en la oscuridad,
agua
en el desierto.

NIÑA

Niña de grandes ojos,
de triste mirada
ajena al mundo.

Niña de corazón
dulce,
alma llena,
oscuras noches.

Niña,
no dejes de mirar
estrellas,
te guían e iluminan,
enviadas por el
universo.

Niña,
llénate de alegría,
nunca tengas hueco
en tu corazón.

Niña,
vive feliz
la vida.

NOSTALGIA

Dichosas las palabras
que el viento
me susurró.

Dichoso mi cuerpo
de sentir el fuego.

Toda esperanza
yace marchita,
ni tan siquiera
quedan cenizas.

Los recuerdos
son un eclipse,
último suspiro
para quien muere,
único adiós
en la vida.

CUPIDO

Nunca pude ver
a ese ser alado
de dorado cabello,
de rostro animado.

Tener consuelo
en un futuro
cercano…

que el amor
a mí
había llegado.

Edad condicionada

Al caminante viejo
hecho añejo.

Al alma joven
días gocen.

Al pobre hombre
que a Dios
implore.

NIÑO/A ACUNADO/A

Inexperta la mano inquieta,
la pupila se dilata
en un arcoíris de dudas,
esos labios tan sociables.

¡Qué textura tan suave!
¡Qué aroma tan vivo!
¡Huele a vida!,
lo percibo.

Tan pequeño/a
en este mundo,
la ignorancia iguala
su felicidad momentánea.

Abre los ojos
y mira,
juega a conocerse.

¡Qué linda flor de verano!

GUERRA

Desdibujadas tinieblas,
oscuras verdades,
manto secreto
lleno de llanto.

Dolor en la guerra,
muerte en el campo
por un puñado de tierra.

Pobres niños/as,
abandonados/as
cerca del podrido lago,
tierra, barro, sufrimiento,
tiempo solo
para el fuego.

Opresión social

Sentimientos indescriptibles,
profundidad en versos,
escondite de sombras grises,
gorriones chispeantes,
ruiseñores callados.

No dejan rastros,
seres oprimidos,
palabras como manantiales,
arrancados como presos,
miedo a la verdad.

A decir «yo soy»,
ocultarse en el gentío,
huir del ruido,
llaman cuerdos/as
a los/as locos/as,
a estos/as los/as encierran.

Genio embotellado,
creatividad en un desván,
lleno de vagos recuerdos,

conocimientos superfluos,
corazones rotos.

¡Qué gran eco!

Solidaridad

Quisiera mostrar
alegría,
ver sonrisas
dibujadas,
en vez de huellas
dejadas.

Gente en sus
hogares,
no sombras
solitarias,
manos de colores,
mundo ¡solo uno!

Todos/as
hermanos/as,
no corderos
degollados/as,
amar por las calles,
no nieblas de
violencia manifestada.

SIRIA

Ha pasado el
tornado,
solo quedan
recuerdos
vacíos y
resquebrajados.

Gente entre el
manto negro,
con cielo
descubierto,
sangre por las
callejas,
fuego en
los labios,
temor en la niebla.

Corazones rotos,
mujeres atadas
tras un velo,

un sentimiento
oculto
entre su pequeño
mundo.

Guerra diaria,
dolor como vida,
todo para nada.

Cariño mío

Como quien pretende
agarrar el viento,
como la envidia
a la mariposa,
como el rojo
de tu sangre
te siento.

Como la espera
de lo inexistente
como él/la amante
sin el ardor
presente.

Como los/as niños/as
sin el calor,
como hombres y mujeres,
como adolescentes aventureros/as
te deseo.

Como la vida
a la muerte,
te quiero.

SE VA EL TREN

A través del cristal,
sientes el ataque
de las gotas.

Melancolía de un
corazón.
¿Qué estoy
haciendo?
Vivir, vivir, por fin,
una aventura,
alguien a la espera
en la otra vía.

Dos latidos bastan,
para expresar sus
emociones.
Qué bello caminar
con la edad
inocente.

Ojalá no me
despertara
de este embaucador
sueño.

Disputas

Distorsión de los cuerpos,
sombras en las esquinas,
puñales que caen
en el corazón.

Interrogantes en el aire
que no encuentran momento
de ser atrapados.

Querer convertir hierro
en arena,
la oscura noche
en la aurora bella.

Siempre se hieren,
la herida sangrienta
muda permanece.

SIN HOGAR

Hombres y mujeres
de rostros despiertos,
de cabellos
andrajosos,
voces interiores que
les perturban,
abandonados/as a una fe
que nunca les llega.

Invocan piedad
tras años
de máscaras,
tras muros
del pasado,
una luz,
una utópica
esperanza,
un hoy, un ayer,
sin conocer
el techo de la
oscuridad.

A través de la
ignorancia,
han de abrirse
camino,
sueños de diamantes,
realidades de espejo,
solo ellos, solo ellas,
en los reinos
de las calles.

LA CARRETERA

Serpiente de gravilla gris,
amas, acompañas
a la dama negra.
Por las estrellas
pasan entes
que devoras
sin conciencia alguna.

Niños/as que tiemblan,
mujeres que sollozan,
hombres, en el mundo
de los sueños ciegos,
a todos/as,
sin condición,
desgarras.

Encantas
a la madre luna,
traicionas
al padre sol,
careces de tiempo exacto,
siempre apareces
con la boca entreabierta.

Esperando que alguien más
te llene;
eres traidora,
a la vez, necesaria.

Qué telaraña tan confusa tejes,
qué dolor
provocas en las
familias.

Qué recuerdos tan amargos quedan
en el aroma de tu piel.
Qué almas en pena
pasean por tus entrañas.

LA PAREJA ENAMORADA

El silencio de una caricia,
el brillo celestial de los ojos,
el susurro al oído
como el canto
de un ruiseñor.

El abrirse de una rosa,
la fuerza de las manos
esperanzadora.

El aliento a vida
de los cuerpos,
enroscados y desgarradores
por una pasión
que inunda
la soledad.

La leña teñida de cobre,
el hielo con su escarcha,
traducido
a las más bellas
palabras.

La vejez

Ese resplandor dorado
se ha vuelto ceniza,
esa piel rosada
aromatizada,
sin perfume a vida.

Esa suavidad tersa
del alma
convertida en rugosas
rocas,
con el brillo de los ojos,
encantado,
como lágrimas
de cristal.

Ilusiones que
se desvanecen,
recuerdos cargados
de melancolía,
sueños con antiguas
imágenes,
blanco celestial
y puro.

Aquí estás, luz,
has llegado.

EL JARDÍN

Rosas de pasión,
con gotas de rocío.

Lirios llenos
de pureza.

La amapola
como la adolescente,
inocente.

Los pensamientos
de las almas
protectoras.

Margaritas con aroma
de gracias,
los cielos
de este universo,
los viejos y cansados
árboles,
con sus profundas
raíces,
llenas de historias,

de jóvenes amores,
perdidos entre
los arbustos.

Carnaval

Máscaras tras
pensamientos ocultos,
mostrando su
transparencia
en los profundos
mundos,
día para ser duende,
enseñando
su mejor lado.

Colorido intenso,
teatro de risas,
lustrosos trajes.

Descansar en ilusiones,
niños/as convertidos/as
en héroes y heroínas,
personas poseídas
por sus sueños
teñidos de
fantasía.

PASIÓN DESMEDIDA

Fuego que arde
por mi piel,
alientos
que me queman,
la sangre.

Fantasmas que tocan
mi alma,
sueños tras realidades
transparentes,
cuerpos que
se entrelazan
con la mente…

Eróticos juegos
escondidos
en un cofre
de hielo,
convirtiéndose
en llamas,
ojos que brillan,
labios que
se humedecen,

me deshago
entre tus manos.

Amor callado

Miedo a suspirar cerca
de ti,
miedo a que sepas más
de mí,
miedo a perderte,
aunque nunca
te he encontrado.

Muero de rabia,
de varios sueños,
de ilusiones truncadas,
la esperanza.

Poco a poco se diluye
en la nada,
las entrañas se me
desgarran,
dentro está el veneno
de tu amor.

Tú pobre, sin saberlo,
soy como la sombra
callada

que, tenue, tiembla,
sus cristales
se entrecruzan.

No puedo decirte nada,
me desvanezco,
me desvanezco,
hasta que ya
no queda nada.

AMARTE

Ver a través de
los espejos de tus
ojos,
beber del agua
cristalina
de tu fuente,
sentir la dulzura
de la miel
de tus labios.

Amar como nunca
te ha amado.
Soñar, volar, estar
en el lugar
más oscuro,
protegiendo tu corazón,
tu mente.

Recorrerte de principio
a fin,
como crecen
las espinas
de las rosas,

tan alto,
como las enredaderas,
así es
como yo
te amo.

ÁNGELES

Si el pecar contigo
me lleva al cielo,
quiero ser estrella.

Acompañarte
en el sendero,
yo sería la luna,
tú el calor del fuego,
juntos el amor eterno,
ser y no ser a la vez
dos amantes furtivos.

Como las fugaces
estrellas
atraviesan
el firmamento
sin temor a nada.

Tan solo un sueño
en esta vida,
el que ardo por cumplir,

vivir en una nube
rodeada de tus
angelicales miradas,
eres mi todo
y mi nada.

TITANIC

Ni tan solo la furia
del mar,
ni el hielo azul
intenso
podrá romper
nuestro amor,
lágrimas de cristales
en este último viaje,
juntos hasta
la muerte.

¡No!, no me
arrancará
de tu pecho,
moriré para
vivir contigo
a través del tiempo.

A pesar del
barco hundido,
tú y yo volveremos
hacia el cielo.

Allí lejos viviremos
en una burbuja
de amor eterno.

NIÑA DESOLADA

¿Por qué nos
rasgan las alas,
nos clavan flechas
en el alma?

No oyen cuando
les hablas.
Qué triste
esta canción,
transformada
en su nana.

Bajo el cielo de luna,
ha nacido una niña
de dorados cabellos,
con dos esmeraldas,
de tierno cuerpo
y frágil alma.

¡Qué dulce su voz!,
y nadie
quiere amarla.

MUJER

Abre tus alas,
vuela,
siente la
libertad,
coge fuerza
con cada
bocanada de
aire.

Llénate de vida,
siente.

Abre tus ojos
y mira,
el mundo está
ante ti,
cada rincón,
una historia,
cada latido,
un instante
que viví.

A ti, mujer,
a ti por ser.

PÉRDIDA

La oscuridad se amiga
conmigo,
el frío del alma
me arropa.

Incertidumbre,
se llama mi sombra,
las fuerzas de mi cuerpo
se agotan.

Temor a lo vivido,
sentir sin sentido
solo vacío, vacío, vacío…

Un peso que aumenta,
tortuosa tormenta.

Mi brújula está rota,
en distintos pedazos…
¿luz?, ¿esperanza?,
¿creer en sueños?

Mi ser se desmonta,
inercia de cada alba,
miedo en el ocaso.

Sin ilusiones, sin fe
sin, sin, así
me encuentro a mí.

LIBERARME

Liberarme
de mis cadenas,
volar,
respirando profundo,
gritar lo que
siento
e ir
amando
quien soy.

Sin ser lamento,
me alimento,
me nutro,
me enriquezco.

PAZ INTERIOR

A la luna del olvido
el sol me despejó,
no dudes ni temas.

Mi niña me abrazó,
la vida es sencilla,
no permitas
más complicación.

Da gracias
a cada día,
busca en tu rincón
la belleza
del amar,
te hace sentir mejor,
no eres él o ella,
solo tú,
tu dulce voz.

Tu más bella
paz interior.

TRISTEZA

Bienvenida, tristeza,
te acojo
en mi casa,
eres parte
de mí.

Espero que
te quedes poco,
me gusta mucho
recibir la alegría,
la noto,
debe estar
detrás de ti,
no demasiado
lejos.

SOLIDARIA PAZ

El día que los muros del odio,
la ira, el rencor y la rabia
se deshagan,
convertidos en lavanda
y flores.

El día que perdonar y dar gracias
no dé miedo
y abra los corazones.

El día que quererse
sea lo humano.

El día que las sonrisas
se hagan estrellas.

El día que los abrazos
puedan más que las guerras.

El día que sueñan
las almas en pena.

ÁMATE

Ámate en tu tormenta,
sonríe en tu reflejo,
llora con calma.

Abrázate fuerte, fuerte,
da y date las gracias.

Que la luz te llene
en los días de oscuridad,
sana tus heridas,
da energía
a tus alas.

ABRIÉNDOME

Abriéndome,
los miedos son compañeros,
difíciles de soltar,
incluso te hacen crear
una falsa zona
de confort.
Rompe estos y verás
todo lo que te espera
detrás.

No hablo de felicidad
eterna,
ni varitas mágicas,
hablo de libertad,
ligereza.

Un camino lleno
de vivir lo bueno,
lo malo,
descubrirte
y descubrir.

De quererte
y saber querer,
de unos ojos que ven
lo que no tienes
delante.

De saberte aprendiz
para ser tu
mejor maestro/a
de aquí
en adelante.

ALMÁTICA

En un rincón del alma
me busco
en la gasa,
en el misterio,
quiero ver mi reflejo,
saber quién soy,
cómo estoy siendo.

Caer como
una liviana pluma
que, suspendida
en el aire,
va dejándose fluir
hasta que roza la tierra.

De esta, de la vida,
soy una pieza,
acoplar en este
gigantesco universo,
en la comodidad
de mi piel.

Yendo, viniendo,
llorando, riendo.

Ser viento, ser nube,
ser y solo ser.

NECESIDAD

Abro hoy las puertas
al frescor de lo nuevo,
a la necesidad
del silencio.

Al encuentro
de lo perdido,
a aquello
no indagado,
intentando hallar
la ilusión
de lo venidero.

Luchando
por perder
el miedo.

TRANSPARENCIA

Transparencia de lo invisible
en el cuadro de la vida,
de mí, de lo entero,
de lo grande, de lo pequeño.

Abrazarme en la caída
de lo profundo,
sonreír al alba
con mi arrullo.

Oyendo la voz,
desde dentro,
voy surgiendo,
siento, vivo,
me sonrío,
lento.

Retrato de un sueño roto

Era feliz pensando
en mi pequeña
caja de latón,
cada cosa en
su espacio designado,
qué respiro, qué reposo
haberle dado.

Todo tropiezo acaba
bajo un manto espeso,
cálido o gélido,
puramente intenso.

Yo en el tiempo
no decido,
con el paso
de lo años,
salieron grietas,
maquillando,
sin salir
del paso.

La cajita de latón,
dentro de la maleta,
en mi mano,
abandono el hogar,
que quería
haber formado.

SOBREVIVIR

Pensando estar
más asentada,
volvió el viento
a azotarla.

Solo vive
porque tiene
hambre,
sola se siente
porque la gente
lo hace.

Parece que perece
así, ¿lo merece?
¡No, no, no!
Nadie supo decirle
lo que bien
vale, aunque
precio
no todo
lo tiene.

Rompiendo sueños

Sentir como siento
es desgarro,
es miedo.

Entre mis manos
se desvanecen
los deseos,
los besos.

Lucha por ansiar
el anhelo,
sueños rotos,
yo me pierdo.

La ilusión
se enciende
como una cerilla,
se muere en el instante
que el aire la detiene.

LOS DUEÑOS

En la era
de lo extraño,
tarareaban canciones
los considerados dueños
de las naciones.

De los diamantes
amantes,
del olvido deseosos,
en la eternidad
de un alma
errante.

Creyendo en la humildad
del ermitaño,
en la bondad
del infante,
amemos
lo amado.

Por el infinito sueño
de quien no
ha despertado

del más bello
letargo.

MEMORÁNDUM

La muerte del cuerpo
libera el alma,
que se transforma
y habita
en cada uno
de los seres
amados/as.

En forma de sentimiento,
recuerdo en la
eternidad,
cada uno/a
somos varios gramos
de distintas ánimas.

Los espíritus vagan,
el viaje infinito,
sí gozan de calma,
en vida,
para la paz
tan deseada.

CEGUEDAD

Abrí los ojos
sin ver,
caminé sin
ver pasos,
hablé sin
oír antes.

Eso lo aprendí
entre tus brazos,
pero fue
la intuición
de la vida
la que
me abrió paso.

Tu compañía
me abrigó
en el frío invierno,
cuando creí caer
me dabas motivos
para seguir
sonriendo.

Deseo amor

Anhelo que me quieran,
deseo que me ames,
añoro
tus sentimientos,
me invaden
tus pesares.

Temo que
me abandones
por otros amores,
que llenen el vacío
de mis desatenciones.

Este amor
me rompe en dos,
abandonada por ti,
muriendo sin mí.

BESARTE

Rozar mi carmín
en tus labios,
pasión fogosa
de estos
mis años.

Sentir tu piel sedosa
en mi vergonzoso
cuerpo,
amar esas dulces
notas hechas
caricias rotas
en una noche
tan caliente.

Nuestros cuerpos
entrelazados
al son de
dos corazones,
latiendo en un mismo
sentimiento,
mientras gozamos…

MACETAS

En el jardín
del Edén
se halla
la belleza escondida
en cada rincón
de nuestra naturaleza.

Flores y plantas
iluminan el verde
del césped,
dan vida
a quien ni siquiera
la imagina.

Cada semilla,
una esperanza,
paciencia de ver
la vida crecer.

QUIÉN

Quién fuera viento,
sol, agua,
quién pudiera todo observarlo
sin que nada
le dañara.

Quién fuera frío,
sin sentimiento,
aunque qué vida
tan falsa.

Quién amara
amarse para amar.

Quién llorase
de alegría.

Quién fuera inocente
para el resto
de sus días.

Quién soñara
levantarse.

Quién durmiera
con los ángeles
sin tener esta vida.

En este primer mes de 2025 quiero dejar
el último poema escrito, recién salido de mis entrañas,
«vomitado» a través de mi mano.
Gracias.

VACIÁNDOME

Sentir presión, vacío
agotamiento al extremo.

Bloquear la vibración
que sana,
dejar que enferme.

Caer sin ver
el final del abismo.

Llorar por el día D,
romperte por la
pura humanidad
inhumana.

Sonreír a tu niño/a
ese/a que te costó
décadas abrazar,
amar con la
sabia locura
de la pureza
inicial.

Sucumbir a lo ilógico
cuando la calma
se rompió en pedazos
al caer ese bote
de cristal.

Que lo que ayer guardabas
hoy te corta.

Luciérnaga atrapada
entre negros sollozos
silenciosos.

Gritar para que
nadie te escuche
y ver la inmensidad
del mar
alrededor de
tu naufragio.

Lento,
suave,
fuerte,
veloz...

El tiempo
con su tictac,
y tú,
sí, yo,
en medio
de la nada.